ALPENBLICK & SEENLAND

MAGISCHE LANDSCHAFTEN UND STARKE TYPEN IM MÜNCHENER SÜDEN

Fünfseenland › Pfaffenwinkel › Blaues Land › Isarwinkel › Tegernseer Tal › Werdenfelser Land

Für Franziska, Maria und Leonhard

J. BERG

1

2

3

4

5

6

Inhalt: Magische Landschaften

Inhalt: Starke Typen

1

2

3

4

5

6

7

8

9

10

11

12

Land der Seen – Fünfseenland

Der Starnberger See ist die gute Stube der Münchner, im Sommer ein riesiges Freibad und Tummelplatz für Wassersportler. Das gilt auch für die anderen vier Seen im Fünfseenland, den Ammersee, Pilsensee, Wörthsee und den Weßlinger See, wobei letzterer eher ein Dorfweiher ist. Jedes Gewässer hat seine ganz eigenen Reize: Mal weit und majestätisch wie Starnberger See und Ammersee, mal romantisch verschlungen und heimelig wie Pilsensee, Wörthsee und Weßlinger See.

Im Sommer bevölkern die Städter die Seeufer, genießen das saubere Wasser und die spektakulären Aussichten gen Alpen – besonders bei Föhn. Wenn der Fallwind von Süden über die Alpen drückt, scheint es, als würde er die Berge mit sich nehmen, so nah rücken die Gipfel des Wettersteingebirges. Die Luft ist glasklar und die Zugspitze scheint direkt hinter Seeshaupt in den Himmel zu wachsen. Ein surreales Schauspiel, wie es die Natur nur hier zu inszenieren vermag.

Am eindrucksvollsten erlebt man die Magie der Seen, wenn das Licht am frühen Morgen oder Abend jede Minute die Stimmungen aufs Neue verändert. Das sind Eindrücke, die unsere Seele beflügeln, Momente, die nie vergehen sollten. Ein früher Spaziergang am Südufer des Ammersees etwa, wenn die Vogelwelt mit einem gewaltigen Konzert erwacht und der Morgendunst sich wie Watte auf das spiegelglatte Wasser schmiegt oder ein Sonnenuntergang auf dem Steg am Erholungsgelände von Buchscharn sind unvergesslich.

Mag die Region zwischen den Seen eher dicht besiedelt sein, so offenbaren sich gerade zwischen dem Starnberger See und dem Ammersee immer wieder Orte, die man hier nicht vermuten würde. Während im Kloster Andechs der übliche Touristenansturm herrscht, lebt ein paar Minuten entfernt das authentische Bayern in den Naturschutzgebieten rund um Machtlfing, wo Kühe noch auf den Weiden grasen – verwunschene Plätze, an denen die Zeit stehen geblieben ist.

Rechte Seite: die Roseninsel im Starnberger See bei Feldafing | Nächste Doppelseite: Badesteg am Erholungsgelände Buchscharn am südlichen Starnberger See

Herrschaftlicher Platz mit Alpenblick: Schubert-Promenade am Midgardhaus in Tutzing

»In Ruhe Wurzeln schlagen kann nur, wer aufhört, sich ständig umzuschauen und herumzuziehen.« *Lucius Annaeus Seneca (4 v. Chr. – 65 n. Chr.)*

Wiese mit blühendem Hahnenfuß und Löwenzahn bei Münsing östlich des Starnberger Sees

»Farben sind das Lächeln der Natur.« *James Henry Leigh Hunt (1784 – 1859)*

Der Yachthafen von Seeshaupt | Rechte Seite: Ostufer des Starnberger Sees am Dampfersteg von Ammerland

Der Koch

Jean-Michel Féret

Was kann an einem Franzosen bayerisch sein? Kann er bayerisch fühlen und leben? Ja, er kann, wenn er gebürtiger Korse ist und eine inständige Leidenschaft für das Genießen an sich und die heimischen Produkte im Speziellen hegt. Jean-Michel Féret spricht mit seinem französischen Akzent begeistert von »sauguaden« Zandern aus dem Ammersee oder Biolämmern aus dem Fünfseenland, dabei wird klar, dass der hoch dekorierte Koch seine Wahlheimat liebt.

»Korsen und Bayern sind sich sehr ähnlich, sie sind stolz, erdverbunden und bodenständig«, erklärt der dreifache Familienvater, der mit einer Bayerin verheiratet ist. Früher hat er in Münchner Sterne-Restaurants gekocht, dann mit großem Erfolg den Schritt in die Selbstständigkeit gewagt. Jetzt ist er im Herzen Oberbayerns angekommen und präsentiert seine Kreationen im Golfclub Starnberg. »Wir wohnen gleich in der Nähe, es ist einfach herrlich: die sanft hügelige Landschaft, die Weite der Seen und die dichten Wälder. Hier ist die Welt noch in Ordnung.« Besonders schätzt Jean-Michel Féret die Möglichkeit, frische Produkte aus der Region zu veredeln: Zander und Renken vom Ammersee, Rind- und Kalbfleisch von lokalen Bauern und Wild aus der heimischen Jagd. »Das schmeckt man, dass die Zutaten vom Ort sind, die Frische, die kurzen Wege – das ist das Paradies für einen Koch«, schwärmt der sympathische Cuisinier. Das sehen auch die Einheimischen so. Erst war Jean-Michel skeptisch: Spitzenküche in einem kleinen Dorf zwischen Starnberg und Seefeld – das könnte schwierig werden. Wurde es aber nicht. Schnell hatte sich herumgesprochen, dass da ein ideenreicher Franzose am Herd steht und raffinierte Gerichte zaubert.

»Wir haben alle Hände voll zu tun. Wenn das Wetter schön ist, werden wir fast überrannt.« Der Spitzenkoch blickt über die große Terrasse des Restaurants nach Osten, wo gerade die Sonne den Himmel in ein glutrotes Szenario taucht und der nahe Wald eine frische Brise zur Abkühlung schickt. Auf dem Teller duftet das kross gebratene Zanderfilet auf Zucchini-Spaghetti mit Basilikumpesto. Besser könnte eine deutsch-französische Freundschaft kaum sein – »savoir vivre à la bavarois«, Lebenslust auf bayerisch.

Wahlbayer mit Sinn fürs Kulinarische: Jean-Michel Féret kocht im Golfclub Starnberg in Hadorf

Die Uferpromenade von Starnberg mit Dampfersteg für die oberbayerische Seenflotte | Nächste Doppelseite: Morgenstimmung auf der Ilkahöhe bei Tutzing am Starnberger See

»Wenn der Horizont nicht derselbe ist, sind es die Gedanken auch nicht.«

Dschuang Dsi (350 – 275 v. Chr.)

Das Kloster Andechs | Linke Seite: Ammerland mit dem Pocci-Schlösschen am Ostufer des Starnberger Sees | Nächste Doppelseiten: die Würm zwischen Leutstetten und Gauting. Ausflugsschiffe in Stegen am Ammersee

AMMERSEE

UTTING

Trauerweide am Strandbad von Herrsching am Ostufer des Ammersees

»Heimat ist da, wo man sich nicht erklären muss.« *Johann Gottfried von Herder (1744 – 1803)*

Vogelschutzgebiet am Ammersee-Südufer mit Blick auf Dießen | Rechte Seite: Luftaufnahme der Alten Ammer im Süden des Ammersees

Der Fischer

Simon Rauch

Der See ist mit einer zarten Nebelschicht überzogen, es herrscht völlige Stille. Simon Rauch sitzt in seinem Fischerboot und hält kurz inne, bevor er sein Tagwerk beginnt, so wie er es seit 56 Jahren tut. »Das sind die Momente, die ich nicht missen möchte. Kurz vor Sonnenaufgang, das ist die schönste Zeit.« Zarte sechs Jahre war der gebürtige Dießener alt, als ihn sein Onkel das erste Mal mit zum Fischen genommen hat. »Das war das Ende meiner Kindheit. Von da an war ich Fischer – bis heute.« Das sagt der Mittsechziger mit seinem kunstvoll frisierten Vollbart ganz ohne Wehmut. Er scheint den See zu brauchen, die Weite, die Abgeschiedenheit im Boot. Es liegt ihm im Blut: Seine Familie hat eine über 400-jährige Fischereitradition.

In den 1950er-Jahren sind er und sein Onkel noch gerudert, »das war harte Arbeit.« Dazu kam noch die elterliche Landwirtschaft. In der Früh auf den See, sich am Nachmittag um Wiesen, Felder und Tiere kümmern – keine einfache Zeit, »aber eine sehr glückliche«, betont Simon Rauch. Heute erleichtert der Außenbord-Motor die Arbeit. An der Art zu fischen hat sich hingegen im Laufe der Jahre nicht viel geändert: Mit Netzen für die Hechte, Renken und Zander, mit Reusen für die Aale. Seine Fische verkauft er im eigenen Laden – fangfrisch oder geräuchert und er beliefert die Gastronomie in der Region. Doch reich wird der damit nicht: »Früher waren die Fänge ergiebiger, trotz der hohen Wasserqualität wird es heutzutage immer schwieriger.« Er fängt gerade so viel, dass es für den Laden und die Restaurants reicht.

Ans Aufhören denkt Simon Rauch indes nicht: »Ich fahre auf den See, bis es nicht mehr geht.« Auch nach so langer Zeit als Berufsfischer mit einem riesigen Erfahrungsschatz ist es für ihn jedes Mal wieder spannend, was der Fang an Überraschungen bringt. »Das ist wie am ersten Tag. Man kann es einfach nicht vorher wissen – vielleicht ist ein großer Hecht dabei, mal sind es auch nur ein paar Renken. Das macht es immer wieder reizvoll.« Obwohl er jeden Fleck am Ammersee kennt wie seine Stube, freut er sich auf jede neue Fahrt: »Kein Tag ist wie der andere, das Licht, die Stimmung, das Wasser – das macht süchtig.«

Seit über einem halben Jahrhundert auf dem See: Simon Rauch, einer der letzten Berufsfischer am Ammersee

Morgenstimmung an der Seepromenade in Dießen am westlichen Ammersee

»Das Publikum beklatscht ein Feuerwerk, aber keinen Sonnenaufgang.«

Christian Friedrich Hebbel (1813 – 1863)

Bootshäuser am Westufer des Ammersees bei Holzhausen | Nächste Doppelseite: winterliche Abendstimmung auf dem Wörthsee

»Der Herbst ist immer unsere beste Zeit.« *Johann Wolfgang von Goethe (1749 – 1832)*

Mystische Landschaft: der Pfaffenwinkel

Angulus sacerdotum et moachorum – der »Winkel der Priester und Mönche«, kurz und bayerisch Pfaffenwinkel genannt – steht mit den Königsschlössern im Westen über das Kloster Wessobrunn und die Wieskirche bis nach Weilheim für eine Dichte an Pracht- und Sakralbauten, die man anderswo kaum findet. Wie Perlen an einer Kette reihen sich Kapellen, Kirchen und Klöster von Wessobrunn über Steingaden, Polling und Weilheim bis nach Iffeldorf aneinander, eingebettet in eine einzigartige Landschaft. Der Klerus hatte offenbar viel Gefühl dafür, wo man Gott und der Natur am nächsten ist.

Bei aller Pracht und Vielfalt der religiösen Bauwerke wird oft vergessen, mit welch einzigartigen Naturmonumenten der Pfaffenwinkel gesegnet ist: die Tassilo-Linde in Wessobrunn etwa, die Litzauer Schleife bei Burggen oder der Paterzeller Eibenwald, der in Deutschland einmalig ist. Allesamt fragile Landschaften mit eigenem Charakter, urwüchsig und von überwältigender Schönheit. Diese Orte wollen intensiv erlebt, erforscht und verstanden werden. So erschließt sich ihre Magie erst nach genauer Betrachtung mit Zeit, Muße und Respekt. Doch dann wird buchstäblich erfühlbar, welch meditative Kraft von diesen Plätzen ausgeht, welche in sich ruhende Ästhetik sie versprühen.

Einen Tag an der Litzauer Schleife verbringen, dem Fließen des Lechs zuschauen, das Knirschen der Kieselsteine unter den Füßen spüren und beobachten, wie die Landschaft im Wechsel von Licht und Temperatur ihr Gesicht verändert, das bringt unendlich viel Energie und Entspannung. So taucht man an einem heißen Sommertag im Schatten des Paterzeller Eibenwaldes in eine Welt voller Mystik ein und macht sich so den Horizont frei. Man sollte an den Osterseen nicht gleich am erstbesten Badeplatz das Handtuch ausbreiten, sondern weiterschauen, weitergehen und Neues entdecken, dann wird man sicher nie wieder fort wollen.

Rechte Seite: Der Lech durchfließt die Litzauer Schleife südlich von Schongau.

Schloss Neuschwanstein bei Füssen

»Es ist notwendig, sich Paradiese zu schaffen, poetische Zufluchtsorte, wo man auf einige Zeit die schauderhafte Zeit, in der wir leben, vergessen kann.« *König Ludwig II. (1845 – 1886)*

Die Gipfel von Tegelberg und Säuling spiegeln sich im Hegratsrieder See östlich des Forggensees. | Nächste Doppelseite: das Naturschutzgebiet Litzauer Schleife

»Der Spiegel der Natur ist der klarste Spiegel! Ihn muss man schauen, an ihm sich ergötzen.« *Fjodor Michailowitsch Dostojewskij (1821 – 1881)*

Der Pferdemann

Andreas Nemitz

Die erste Ölkrise 1973 war für Andreas Nemitz ein Segen. Das Sonntagsfahrverbot brachte den Kapitänleutnant und späteren NATO-Berater auf die Idee, auf natürliche Pferdestärken zu setzen. So gründete er sein Kutschenunternehmen und unternahm fortan Touren mit historischen Gespannen – erst in der Region, später bis nach Norditalien. »So um die 250 000 Kilometer habe ich auf dem Kutschbock hinter mich gebracht«, erzählt Nemitz im sonoren Bayerisch. Mit seinen Roadcoaches aus dem 19. Jahrhundert, den zwei Postkutschen oder den Jagdwagen ist er zwei- bis sechsspännig unterwegs. »Das ist kein Disneyland, keine Show, wir fahren auch bei Regen und Schnee«, betont der Tutzinger mit Wohnsitz in Kerschlach.

Mit der Kutsche zu reisen, ist eine Kunst für sich: Gemächlich im Trab dahinfahren, im Zeitlupentempo zieht die Landschaft vorüber. Jeder Eindruck ist intensiver, das Erleben der Natur direkter, die Sinne sind geschärft. Auf den Touren von Andreas Nemitz erfahren selbst Einheimische völlig neue Eindrücke ihrer Heimat, wie etwa auf der beliebten Fahrt von Kerschlach durch den Pfaffenwinkel zu den Königsschlössern auf den Spuren König Ludwigs II. Die Entdeckung der Langsamkeit führt über Almwiesen, durch Wälder und Flussauen. Neben den Tagesausflügen bietet der Pferdenarr auch große Fahrten nach Norditalien, Österreich oder in die Schweiz an – über steile Bergpässe und Wege, die schon vor Jahrhunderten von Kutschen genutzt wurden.

Schon als kleiner Bub hat Andreas Nemitz seine ersten Entdeckungstouren mit der Kutsche unternommen. Der geliehene Esel »Kasimir« zog ihn mit seinem Wagerl rund um den Starnberger See. So kam er auch irgendwann nach Leutstetten, wo er im Königlichen Privatgestüt von Prinz Ludwig das Reiten und die Fahrerei lernte. Die Kutsche gehörte immer zu seinem Leben, nach seinem Abitur unternahm er mit einem zweispännigen Landauer die erste Tour nach Österreich. Dann tauschte er die Lederleinen gegen Taue und fuhr zwölf Jahre zur See. Seine Leidenschaft gehört indes den Pferden. Ob er an Aufhören denke? Fast beleidigt gibt der Bayer, Baujahr 1939, entschieden zur Antwort: »Nicht, solange es Spaß macht!«

Legt Wert auf Tradition: Andreas Nemitz in seiner königlichen Postillon-Uniform von 1849

Der größte Eibenbestand Deutschlands, der Paterzeller Eibenwald westlich von Weilheim

»Die Eibe schlägt an die Scheibe. Ein Funkeln im Dunkeln. Wie Götzenzeit, wie Heidentraum blickt ins Fenster der Eibenbaum.« Theodor Fontane (1819 – 1898)

Panorama-Blick vom Hohen Peißenberg auf Heimgarten, Estergebirge, Wettersteingebirge und Ammergauer Berge

»Ferne Berge sind erhabener als nahe Berge.« *Jean Paul (1763 – 1825)*

Linke Seite und oben: die Schleierfälle in der Ammerschlucht bei Saulgrub | Nächste Doppelseite: die Tassilo-Linde von Wessobrunn

Die Bildhauerin

Marion Werner

Karikaturen in Holz – nein, das trifft es nicht. Eher eine ironische Interpretation der Realität.« Marion Werners Holzfiguren polarisieren – und das mitten im tiefsten Pfaffenwinkel, in Steingaden. Seit 30 Jahren kreiert die gebürtige Ettalerin ihre in heimisches Lindenholz geschnitzten Figuren, humoreske Kunstwerke mit Ausdruck und Authentizität. »Anfangs fanden alle meine Figuren nur schrecklich, doch das hat sich gelegt.« Ihren Durchbruch hatte die Autodidaktin mit der Gestaltung des Steingadener Klosterbrunnens: »Ein sieben Monate andauernder Kampf war das, bis ich den Auftrag hatte.« Heute sitzt ihre erste Bronzefigur, ein Mönch, gedankenversunken am Brunnenrand, als würde er an diesem Ort schon seit Ewigkeiten verweilen.

»Die Leute akzeptieren meine Arbeit inzwischen, wenn auch meist noch mit Argwohn.« Das mag am Stand der Künstler liegen, sicherlich aber auch an den Figuren an sich, sind es doch schmunzelnd verzerrte Abbilder der Wirklichkeit. Was andere über sie und ihre Werke denken, kümmert Marion Werner nicht sonderlich. »Ich schaffe das, was ich bin, so wie ich bin – ich kann gar nicht anders.« Die Künstlerin hat die Holzbildhauerschule in Oberammergau besucht. Seit dieser Zeit bestimmen Schnitzeisen und Holzschlegel ihr Leben: »Man könnte mich einsperren, mit meinem Werkzeug, den Farben und Holz – mir würde nichts fehlen.« Mit der Zeit würden ihr allerdings die Ideen ausgehen, die sie im Alltag sammelt, skizziert und umsetzt. Auf ausgedehnten Spaziergängen rund um Steingaden sammelt sie Kraft und findet die gesuchte Inspiration für ihr Schaffen.

Etwas Neues möchte sie nicht unbedingt probieren. »Ich schaue mir gerne abstrakte Kunst an. Mein Ding ist das nicht. Ich mache das, was ich kann.« Marion Werner ist in ihrer Arbeit traditionsbewusst, auch wenn ihre Figuren anderes vermuten lassen. Die Farben trägt sie nach alten Techniken mit Pigmenten und Kasein auf, so wie es die Kirchenmaler seit Jahrhunderten praktizierten. Daran wird sich nichts ändern, genauso wenig wie der subtile Witz, den ihre Werke und sie selbst ausstrahlen: »Es ist Gott sei Dank so, dass es noch Leute gibt, die meine Arbeiten fürchterlich finden.«

Marion Werner hinter biblischer Szene ins Heute übertragen: Der Dalai Lama steht für Gewaltlosigkeit und Toleranz, Kofi Annan für Frieden, die Königin für Umweltschutz – im Hintergrund Josef, Maria und ihr Kind.

UNESCO Weltkulturerbe: die Wieskirche im Morgennebel

»Hoc loco habitat fortuna, hic quiescit cor.«
»Hier wohnt das Glück, hier findet das Herz Ruhe.« *Abt Marianus II. Mayer, Bauherr der Wieskirche*

Sonnenaufgang am Schönberg nördlich von Bad Bayersoien

»Man sollte es sich zur Gewohnheit machen, früh aufzustehen. Es ist unvernünftig, den Kopf zu lange auf einer Ebene mit den Füßen zu lassen.« *Henry David Thoreau (1817 – 1862)*

Die Ammer bei Peiting | Linke Seite: Die Ammerhöhlen

Blick auf die Osterseen (Gartensee und Ursee) von Seeshaupt aus in Richtung Süden | Rechte Seite: privater Badesteg am Großen Ostersee | Nächste Doppelseite: Iffeldorf mit dem Sengsee im Vordergrund

Blaues Land: wie ein riesiges Amphitheater

Die Farbe Blau, das Blaue Land – wohl kaum ein Flecken ist in Oberbayern so eng mit der bildenden Kunst verbunden wie die Region rund um den Staffelsee. Der Begriff entstand in Anlehnung an die Künstlervereinigung »Der Blaue Reiter«, die von Franz Marc und Wassily Kandinsky Anfang des letzten Jahrhunderts ins Leben gerufen wurde. Die von Franz Marc heraufbeschworene »Epoche des großen Kampfes um die neue Kunst« fand erst nach seinem Tod 1916 in den 20er Jahren des letzten Jahrhunderts statt. Schillernde Namen wie Gabriele Münter, August Macke oder Lovis Corinth machten Murnau und seine Region zum Nährboden für die neue Künstlerelite.

Warum sich die kreativen Schöngeister gerade diesen Ort als Schaffensstätte auserkoren hatten, wird deutlich, wenn man etwa von der Aidlinger Höhe in Richtung Riegsee und Murnau blickt. Die Berge sind so nah, wirken dabei keineswegs bedrohlich. Sie bilden die offene und weite Kulisse für die einmalig sanfte und zugleich imposante Landschaft mit dem Murnauer Moos, dem Staffelsee, Kochelsee und dem Walchensee. »Blau ist die einzige Farbe, bei der ich mich wohl fühle«, so Franz Marc. Dieses tiefe Blau der Seen, in dem sich die Berge und Wolken spiegeln, das Tanzen der Sonnenstrahlen auf dem Wasser, hier ist es intensiver als anderswo, ergreifender, magischer.

Der Geist aus jener kreativen Epoche, die in der Folge auch andere geniale Künstler wie den Regisseur Friedrich Wilhelm Murnau oder den Schriftsteller Ödon von Horvath in seinen Bann zog, ist heute lebendig. Farbenfroh und naturverbunden, sei es in den Fassaden der Häuser oder im Murnauer Moos – ein Tummelplatz für Kreativität, die menschliche wie die naturgegebene. Seen, Wiesen und Moore sind die perfekte Bühne für dieses einmalige Schauspiel und die Logenplätze sind nicht nur oben auf den Gipfeln, sondern oft mittendrin.

Rechte Seite: Blick über den Staffelsee, im Hintergrund Seehausen und Murnau | Nächste Doppelseite: Ruderboote am Strandbad »Alpenblick«, Uffing am Staffelsee

8
6

1
2
2

Die Insel Mühlwörth im Staffelsee bei Sonnenaufgang

»Unwirklichkeit zu üben, ist die schwerste und wesentlichste Aufgabe für einen Künstler.« Lovis Corinth (1858 – 1925)

Der Überflieger

Tom Huber

Ein paar Handgriffe und schon klappen die Flügel von »Elly« nach oben weg. Wenige Minuten später ist das Ultra-Light-Flugzeug im Laderaum von Laster »Maggie« verschwunden. »Das ist eigentlich das Praktischste an dem Flugzeug«, schwärmt Tom Huber. »Einfach zusammenklappen, aufladen und schon kann's losgehen.« Zum Beispiel nach Afrika, wo der junge Pilot alljährlich die Sahara Rallye »El Chott« mit seinem Flugzeug begleitet. »Ich nehme Foto- und Filmjournalisten mit, die aus der Vogelperspektive die Rallye-Fahrzeuge verfolgen wollen.«

Vor einigen Jahren war das für den gebürtigen Uffinger und Zimmerermeister noch ein unerreichbarer Traum: »Damals habe ich meine Fluglizenz in Kanada gemacht und bin in Deutschland mit einer geliehenen Cessna geflogen.« Dann kamen günstige Ultralight-Flugzeuge auf den Markt und die Stunde für Tom Huber war gekommen: »Ich habe meinen ersten Bausatz gekauft, den LKW, und als ich in Antdorf noch einen Flugplatz bekam, war das Glück perfekt.« Jetzt fliegt er Passagiere über das Blaue Land und unternimmt Auslandstouren.

Nach seinen Ausflügen in Frankreich, Italien oder Afrika ist er immer froh, wieder nach Hause zu kommen: »Ein Flug über den Staffelsee mit einer Schleife über das Murnauer Moos und dann rüber zum Walchensee und in die Berge – das gibt es nur hier, das ist jedes Mal wieder einmalig schön.« Mittlerweile lebt Tom Huber von der Fliegerei, vertreibt die Flugzeuge, die in Italien oder Tschechien gebaut werden, übernimmt Wartungsarbeiten und gibt Unterrichtsstunden in der Fliegerei.

Bei all den Eindrücken, die er auf seinen Reisen gesammelt hat, möchte er nie weg aus seiner Heimat: »Das ist einfach das Lebensgefühl bei uns, gerade hier am Staffelsee. Die Leute sind sehr traditionsverbunden. Das bringt sie nicht so schnell aus der Ruhe. Sie sind trotzdem offen für Neues, wenn sie sich es in Ruhe angeschaut haben.« Dies bekam Tom auch zu spüren, als er um den Flugplatz in Antdorf gekämpft hat. »Erst waren alle skeptisch. Jetzt bin ich voll in die Gemeinschaft integriert.« Typisch bayerisch eben: Erst zurückhaltend und abwartend, doch wenn es dann »passt«, sind sie mit Herz bei der Sache und sei sie noch so schräg.

Die Leidenschaft zum Beruf gemacht – Tom Huber arbeitet in Uffing und Antdorf als Fluglehrer. Außerdem vertreibt und wartet er die kleinen Ultralight-Flugzeuge.

Blick auf die Insel Wörth von Seehausen am Staffelsee

»Die beste Wärterin der Natur ist Ruhe.« *William Shakespeare (1564 – 1616)*

Das Murnauer Moos mit Blick auf Wettersteingebirge, Ettaler Manndl und Hörnle | Nächste Doppelseite: Panorama-Blick von der Aidlinger Höhe auf Riegsee und Murnau

*»Das Prinzip aller Dinge ist Wasser; aus Wasser ist alles,
und ins Wasser kehrt alles zurück.«* *Thales von Milet (ca. 625 – 545 v. Chr.)*

Das Kloster Benediktbeuern | Linke Seite: Blick auf Seehausen mit Staffelsee mit seinen sechs Inseln

Abendstimmung im Loisachmoor. Im Hintergrund: Benediktenwand, Rabenkopf, Jochberg, Herzogstand und Heimgarten | Nächste Doppelseite: Die Loisach fließt aus dem Kochelsee.

»Nicht der Weg ist das Schwierige, vielmehr ist das Schwierige der Weg.«

Søren Aabye Kierkegaard (1813 – 1855)

Die Kräuterfrau

Eva Aschenbrenner

Eva Aschenbrenner ist eigentlich ein ganz »normales« Mädl aus Kochel am See. »Eine harte Zeit« hat sie erlebt, musste früh in der Bäckerei arbeiten, um die Familie mit zu ernähren. Später fuhr sie mit dem Fahrrad Post aus und lernte bei einer Schneiderin in München. Dann der Krieg, noch mehr Entbehrungen, eine verlorene Kindheit und Jugend. Sie heiratete Hans. Ihr Sohn Robert wurde geboren und Eva Aschenbrenner erfüllte die Rolle der Hausfrau mit allen Konsequenzen, wie sie in dieser Epoche gefordert wurden.

1979 erkrankte ihr Mann schwer. »Die Ärzte behandelten ihn auf Herzbeschwerden. Später stellte sich heraus, dass es eine Lungenembolie war – nach Hunderten von Herztabletten, die jeden anderen Menschen ins Grab gebracht hätten.« Eva Aschenbrenner sieht heute diese Zeit als Geschenk an: »Gott hat uns die Krankheit geschickt, um an ihr zu wachsen.« Sie ist gewachsen – über sich hinaus. Die charmante, lebenslustige Kochelerin begann, Kräuter von den Wiesen rund um den Kochelsee zu sammeln, verschlang einschlägige Literatur wie etwa die Lehren der Hildegard von Bingen und eignete sich so mit der Zeit einen fast verloren gegangenen Wissensschatz über die Heilkräfte der heimischen Kräuter an. »Früher gab es keine Medikamente, die Menschen mussten sich der Natur bedienen«, erklärt sie mit ihrem sympathischen Lächeln. Wenn sie so erzählt von ihren Erfolgen selbst bei schweren Leiden, dann ist das zutiefst glaubhaft, weil es über Jahrzehnte erlebt und erprobt ist. »Die Balance und die Kombination der Kräuter ist der Schlüssel zum Heilungserfolg – und immer auch ein Stück Intuition.« Dieser stellt sich wie in der Homöopathie nicht sofort ein, dann aber dauerhaft.

Die »Grande Dame« der Kräuterheilkunst ist mit ihren über 80 Lenzen eine viel gefragte Person: Sie hält Vorträge, bestreitet Fernsehsendungen und arbeitet an Neuauflagen ihrer erfolgreichen Ratgeber. »Das freut mich schon, wenn ich bei den Heilpraktikern auf einem Kongress Vorträge halten soll«, gesteht sie. Das war schließlich nicht immer so, ist Eva Aschenbrenner doch eine Autodidaktin ohne Diplom oder Approbation, eben ein ganz »normales« Mädl aus Kochel am See.

Eva Aschenbrenner in ihrem Garten in Kochel am See mit Johanniskraut und Storchschnabel

Die Kapelle St. Johannesrain bei Penzberg mit Blick auf das Blaue Land | Nächste Doppelseite: der Walchensee bei Sachenbach

»Blau ist die einzige Farbe, bei der ich mich wohl fühle.« *Franz Marc (1880 – 1916)*

Wolkenstimmung am Kochelsee, im Hintergrund Herzogstand und Heimgarten | Linke Seite: die Staffelsee-Insel Wörth

Spätherbst am Staffelsee mit der Insel »Kleine Birke« | Rechte Seite: das winterliche Loisachmoor aus der Vogelperspektive | Nächste Doppelseite: Bootshütten in der Schlehdorfer Bucht am Kochelsee

Das Leben ist ein Fluss: der Isarwinkel

Wie eine Lebensader bahnt sich die Isar ihren Weg von der Quelle im Karwendelgebirge gen Norden, wechselt ihr Gesicht vom reißenden Gebirgsbach zum in sich ruhenden Strom. Mit ihrem Lauf verändern sich die Landschaften von den kargen, steinigen Höhen mit dichten Nadelwäldern bis zum undurchdringlichen Dickicht der Auen mit luftigen Erlen-Hainen und mächtigen Weiden. Der Fluss als Synonym für das Leben.

Links und rechts ihrer Ufer zwischen Krün und Wolfratshausen ist der Lauf der Isar geprägt durch das sagenhafte Wechselspiel zwischen sanften Hügelketten, steilen Bergen und der Großzügigkeit der flachen Wiesenauen, die den Blick freigeben auf die Silhouetten der Alpen. Der Übergang zwischen Gebirge und Ebene wirkt fließender als anderswo, homogener, harmonischer. In kurzer Zeit erlebt man die Kontraste zwischen luftiger Weite zu behüteter Abgeschlossenheit. Und immer ist der Bezug zum Fluss präsent: Sei es von der Ferne der Ausblick vom Berggipfel in die Ebene, wo sich die Isar einer Schlange gleich ihren Weg bahnt, oder ganz nah, wenn das Fließen des klaren Wassers innere Ruhe bringt und ein Meer runder Kieselsteine in der Sonne blitzt.

Überall dort, wo die Isar in ihrem ursprünglichen Bett belassen wurde, wie etwa zwischen Wallgau und Vorderriß, sind Refugien für seltene Pflanzen- und Tierarten zu finden. Bestes Beispiel ist die Pupplinger Au, hier mündet die Loisach bei Wolfratshausen in die Isar. Das Bewusstsein, diese Naturschätze zu bewahren, führt allmählich zu einem Umdenken im Umgang mit der fragilen Flusslandschaft. Doch all die Bemühungen können die über Jahrtausende gewachsenen Strukturen nicht ersetzen, die sich in der Balance den Gegebenheiten anpassen. Akzeptiert man dies, wird man mit einzigartigen Naturerlebnissen belohnt – je ursprünglicher, desto intensiver, desto reizvoller.

Rechte Seite: Bauernhöfe zwischen Bad Tölz und Lenggries | **Nächste Doppelseite:** die Pupplinger Au bei Wolfratshausen

Die Isar in der Geretsrieder Au

»Bei einem Fluss ist das Wasser, das man berührt, das Letzte von dem, was vorübergeströmt ist, und das Erste von dem, was kommt. So ist es auch mit der Gegenwart.«

Leonardo da Vinci (1452 – 1519)

Die Pupplinger Au, gesehen von Schlederloh | Rechte Seite: die Walchenschlucht am Sylvensteinsee

Die Walchenschlucht an der deutsch-österreichischen Grenze

»Die Hoffnung ist der Regenbogen über dem herabstürzenden Bach des Lebens.«

Friedrich Nietzsche (1844 – 1900)

Der Sisyphos aus dem Isartal

Karl-Heinz Fett

Wie er auf die Idee kam, entlang der Isar bei Bad Tölz Tausende von Steinen zu Pyramiden aufeinander zu schlichten, weiß Karl-Heinz heute auch nicht mehr so genau. »Vielleicht liegt es daran, dass ich früher immer die Zuckerrüben bei der Ernte schichten musste«, erklärt der Stein-Künstler. Eines Tages zog er mit seinem Hund Billi auf dem Fahrradanhänger los und begann in mühevoller Kleinarbeit seine neue Lebensaufgabe. Es scheint fast, als sei der schüchterne »Landart-Künstler« besessen. Er findet die Resonanz auf seine Werke lustig: »Die Zeitung war da, sogar das Fernsehen. Künstler haben sie mich genannt und ständig gefragt, was ich mit den Pyramiden ausdrücken will.« Er grübelt und schiebt sich die Schirmmütze zurecht: »Ich weiß es nicht. Ich finde das einfach schön und es macht mir Spaß.«

Es kümmert den ehemaligen Bergbauarbeiter auch nicht weiter, wenn mal wieder ein Isarhochwasser seine Werke im Flussbett verteilt. »Dann fange ich eben wieder von vorne an«, erklärt er, als ob es das Normalste der Welt sei. So entstehen in »Klein-Kairo« immer neue Pyramiden – bis zum nächsten Hochwasser. Sisyphos – ja, den kennt er. Schließlich halten seine Pyramiden doch etwas länger und die Steine rollen nicht gleich weg. Dabei wirkt er ein wenig stolz und sehr zufrieden mit sich und der Welt. Das war nicht immer so. Harte Zeiten hat Karl-Heinz hinter sich, ein Leben auf der Straße mit all seinen Tiefpunkten – bis er zur Tölzer Lebenshilfe kam, wo er mit seiner Lebensgefährtin wohnt und bis vor kurzem gearbeitet hat.

Warum er gerade die Isar zwischen Arzbach und Bad Tölz zu seinem Freiluft-Atelier auserkoren hat? »Weil es mir hier gefällt. Man sieht immer auf die Berge, das Grün und die Steine sind hier besonders schön, so rund.« So steht er fast jeden Tag unten im Kiesbett der Isar und schichtet Stein für Stein aufeinander, Pyramide um Pyramide, jede für sich ein Kunstwerk. Eins werden, mit dem was man tut, eins werden mit den Elementen, mit der Natur. Sisyphos – eine tragische Figur? Vielleicht so, wie es Hans Magnus Enzensberger interpretiert: »Die Griechen deuteten seinen Namen als die Steigerungsform von sophos, klug; Homer nennt ihn sogar den klügsten unter den Menschen.«

Die Steinpyramiden von »Klein-Kairo« bei Bad Tölz und ihr Schöpfer

Isarkiesel | Rechte Seite: Steinpyramiden nördlich von Bad Tölz bei Wackersberg | Nächste Doppelseite: der Kirchsee bei Sachsenkam

Moor-Birken am Stallauer Weiher zwischen Bad Heilbrunn und Bad Tölz | Linke Seite: Blick auf Georgibichl bei Ascholding

Sommerwiesen bei Untersteinbach, Lenggries

»Nur der Einsame findet den Wald: wo ihn mehrere suchen, da flieht er, und nur die Bäume bleiben zurück.« *Peter Rosegger (1843 – 1918)*

Die Sennerinnen

Angelika und Franzi

Um fünf Uhr unterbricht der Wecker die absolute Stille. Draußen blitzen zaghaft die ersten Sonnenstrahlen über die Rauhalm. Angelika und Franzi schlüpfen schlaftrunken in ihre Gummistiefel und treiben die acht Kühe von den Almwiesen in den Stall. Gelassen erwarten Nelke, Resi und die anderen Milchkühe das tägliche Melk-Ritual. Vor der Hütte erwacht die Natur. Die warme Sommersonne verwandelt den Morgentau in zarten Nebel, der wie ein Schleier über den satten Almwiesen hängt. »An das frühe Aufstehen gewöhnt man sich ganz schnell«, sagt Angelika beim ersten Kaffee. »In der Früh ist's hier oben einfach am schönsten – so friedlich, so ruhig.«

Jeden Sommer – je nach Wetter im Mai oder Juni – werden die Kühe vom Tal auf die Rauhalm getrieben. Dann tauschen die Steuerfachfrau und die Studentin die Computertastatur gegen die Mistgabel. »Ohne die Monate auf der Alm würde ich den Bürojob nicht aushalten«, gesteht Angelika. »Das Leben hier oben ist allerdings kein Urlaub«, wirft Franzi ein. Kühe melken, die Milch zentrifugieren, Butter und Käse herstellen, Holz spalten, einheizen und die Hütte in Schuss halten – auf 1 400 Meter Höhe ohne Strom – alles in Handarbeit. Da wird allein das Reinigen der Käse- und Butterutensilien zur Arbeit: Erst muss eingeschürt werden, das Wasser heiß sein, bevor mit dem Abwasch begonnen werden kann. Zwischendurch kommen Wanderer vorbei, die einen frischen »Stotzenkas« und ein kühles Bier aus dem in Fels gehauenen Keller bekommen.

Wenn sich die Sonne abends gegen sieben Uhr hinter dem Seekarkreuz verabschiedet, gibt es Abendbrot, von der Weide auf den Tisch: Butter, Milch, Käse und Salat mit wilden Kräutern, die auf den Almwiesen wachsen. Der Bauer bringt aus dem Tal noch einen Laib Brot und erkundigt sich, ob alles in Ordnung sei. »Hier oben kann man sich schon verlassen vorkommen. Das hat aber auch viele Vorteile. Du kommst zur Ruhe, die körperliche Arbeit ist für mich eine Art Meditation, eine Rückkehr zu meinen Wurzeln«, erklärt Angelika ihre tiefe Überzeugung, auch im nächsten Sommer wieder auf die Rauhalm zu gehen. Vier Monate leben wie vor hundert Jahren, zurück in eine vielleicht bessere, glücklichere Welt.

Angelika und Franzi verbringen die Sommer auf der Rauhalm – Leben wie vor 100 Jahren.

Die Isar bei Wolfratshausen nach Hochwasser | Rechte Seite: Luftbild der Isar bei Geretsried

Morgennebel am Sylvensteinsee | Nächste Doppelseite: Winterstimmung an der Isar bei Vorderriß

*»Wissen wäre fatal. Die Ungewissheit ist es, die uns reizt.
Ein Nebel macht die Dinge wunderschön.«* Oscar Wilde (1854 – 1900)

Der See im Wald: das Tegernseer Tal

Sein Wasser ist glasklar, die Farbnuancen wechseln je nach Lichteinfall und Seegrund zwischen hellem Türkis und tiefem Blau. Ein idealer Spiegel für die umliegenden Bergkulissen mit Wallberg, Roßstein, Fockenstein und Hirschberg. Der Tegernsee ist eingebettet in ein Tal, das sich von Gmund aus behutsam in Richtung Berge vortastet. Der Übergang von der großzügigen Weite bis zu den verwinkelten Tälern bei Kreuth verläuft so fließend, dass jede sonst oft bei Bergseen bedrückende Stimmung ausbleibt. Sanft steigen die Hügel vom Ufer des Tegernsees in die Höhe, bewachsen mit dichten Fichten- und Mischwäldern, die das Szenario einrahmen.

Diese Wälder sind einzigartige Rückzugsgebiete, Inseln der Ruhe. Selbst an heißen Sommertagen ist die Luft angenehm kühl, ein Aufstieg etwa auf den Hirschberg wird zum erfrischenden Vergnügen. Lange Zeit waren die Wälder nicht nur Erholungsgebiet – sie ernährten das Tegernseer Tal. Nach der Säkularisierung wurde die Region zum wichtigsten Holzlieferanten der Rosenheimer Saline, die 1810 ihren Betrieb aufnahm. Über die Mangfall wurden unzählige Fichtenstämme flussabwärts transportiert, die dann die Öfen befeuerten, um die Sole zu sieden. Doch nicht erst seit dieser Zeit prägten die Wälder das Leben zwischen Gmund und Kreuth. Als die Jagdrechte noch bei den Klöstern lagen, lieferten sich die Wilderer mit den Oberen erbitterte Kämpfe. Auch nachdem die Wälder an den Freistaat übergingen, bestand die Bevölkerung auf ihr Recht, für den Eigenbedarf zu jagen, waren die Wälder doch voll mit Wildbret.

So hatten die Menschen im Tal immer eine besondere Beziehung zu ihrem Wald, der sie ernährte. Heute steht die Erhaltung an erster Stelle, zum Schutz einer oberbayerischen Landschaft, wie man sie nur noch selten findet. Nicht umsonst gilt die Region seit Ganghofer und Thoma als Zufluchtstätte für Prominente und Schöngeister.

Rechte Seite: Luftaufnahme vom Tegernseer Tal mit Rottach-Egern

Der Tegernsee mit Blick auf Bad Wiessee und Hirschberg | Nächste Doppelseite: Gipfelkreuz auf dem Wallberg

»Als ob Kunst nicht auch Natur wäre und Natur Kunst!« *Christian Morgenstern (1871 – 1914)*

Die Ballonfahrer

Siglinde und Michael Unger

Es herrscht absolute Stille. Der Ballon schwebt im glasklaren Luftmeer über dem Tegernsee gen Süden, wird Teil des Windes. Unten liegt der Tegernsee umrahmt von Wiesen und tiefgrünen Wäldern. Die Häuser unterbrechen das Bild wie bunte Farbkleckse, am Horizont türmen sich das Mangfallgebirge und dahinter die Gipfel der Kitzbüheler Alpen auf. »Das ist einfach jedes Mal unglaublich schön hier oben, keine Fahrt ist wie die andere«, schwärmt Michael Unger und öffnet die Ventile des Brenners. Mit brachialem Fauchen stoßen die Flammen in die Hülle, der Ballon gewinnt an Höhe.

Den gelernten Konditoreimeister zog es schon immer in die Lüfte, erst als Gleitschirmflieger, dann als Ballonpilot. »Ich war am Wallberg und sah einen einen Ballon starten – das wollte ich auch lernen.« Seine Jungfernfahrt machte der gebürtige Schwabe gleich mit einer Alpenüberquerung: »In viereinhalb Stunden waren wir nach dem Start am Chiemsee in Genua, Winde um die 140 Stundenkilometer, das war sagenhaft!« Kurz darauf machte Michael Unger die Pilotenlizenz und setzte seinen ersten Ballon zu Werbezwecken für die Konditorei ein. »Wir waren mit unserem Ballon und der Konditorei im Tal bekannt wie ein bunter Hund.« Das Hobby entwickelte sich immer mehr zur Profession. Seine Frau Siglinde, eine gebürtige Kreutherin, steuerte das Verfolgerfahrzeug. Bis dann ein Leben zwischen Tortenböden und Weidenkorb nicht mehr unter einen Hut zu bringen war: »Vierzehn Stunden am Tag und das sieben Tage die Woche – wir mussten uns entscheiden.« Eine leichte Entscheidung. Mit ihren zwei Ballonen für vier und acht Personen sind die Ungers in den Luftmeeren Oberbayerns, Österreichs und Italiens unterwegs – die Torten backt ein anderer.

Dabei haben Siglinde und Michael Unger nie die Bodenhaftung verloren. »Wir werden immer im Tegernseer Tal bleiben, selbst wenn uns die Winde gelegentlich an andere schöne Orte führen. Die Wechsel der Jahreszeiten, zu beobachten wie sich die Landschaft verändert, das ist immer wieder ein Traum, daran können wir uns nicht satt sehen.« Langweilig wird das Ballonfahren dabei ohnehin nicht: »Allein die Freude der Gäste mitzuerleben ist immer wieder ein Grund zu starten.«

Gute Laune, die ansteckt: Siglinde und Michael Unger

Kühe bei Gmund am Tegernsee | Rechte Seite: Herbststimmung bei Gut Kaltenbrunn

Ausblick von der Uferpromenade in Bad Wiessee | Linke Seite: Bootssteg am Tegernseer Bräustüberl

Blick auf den Wallberg von Bad Wiessee

»Gott hat dem Menschen die Zeit gegeben, aber von Eile hat er nichts gesagt.«

Olaf Gulbransson (1873 – 1958)

Blick auf Rottach-Egern | Rechte Seite: Bad Wiessee aus der Vogelperspektive

Die Jägerin

Ida Schmidt

Wer bewegt die Welt? Das sind die Querköpfe, nicht die Angepassten!« Ida Schmidt weiß, wovon sie spricht. Den Großteil ihrer Kindheit verbrachte sie in Rottach-Egern, nach dem Journalistik-Studium in München ging dann ihr Kindheitstraum in Erfüllung: Sie zog ins Tegernseer Tal an den Fuß des Wallbergs. »Eines Tages bekam ich den Kleine-Münsterländer-Rüden namens Brandy geschenkt. Als er in die Flegeljahre kam, ging ich zur Hundeschule.« Dort fiel der Jagdhund durch sein Talent auf. Kurzum absolvierte Ida Schmidt mit Brandy die Gebrauchshunde- und die Brauchbarkeitsprüfung für Jagdhunde – mit Bravour. »Auf dem Hundeplatz waren natürlich auch Jäger. Die sagten, der Hund müsse auf die Jagd. Also machte ich den Jagdschein.«

Die Natur- und Tierliebhaberin legte 1987 ihre Jägerprüfung ab und wagte mit gemischten Gefühlen den Schritt in eine der letzten wahren Männerdomänen. »Ich wurde schon schief angeschaut«, eine Frau und jagen, das passte nicht ins waidmännische Weltbild. Mit Ehrgeiz und Brandy an ihrer Seite sorgte sie auf Jagden für viel Aufsehen. »Auf einer Hasentreibjagd wurde ich anfangs belächelt. Brandy schlug sich außerordentlich.« Nach der Jagd genoss sie es, Kaufangebote für ihren Hund souverän auszuschlagen und ein wenig Anerkennung zu erfahren – wenn auch verhalten.

In der Folge verband sie ihre Leidenschaft mit dem Beruf und schrieb für renommierte Jagdmagazine. Sie deckte in ihren Berichten Missstände der Jägerei auf und wurde prompt angefeindet. Eine Frau mit Jagdschein, die ihre Zunft kritisiert – das war zu viel. Sie wurde mehrfach vor den Kadi zitiert, konnte sich aber auch dort durchsetzen und bekam Recht. »Vielleicht war auch das ein Grund für mich, mit der Jägerei eine Weile zu pausieren.« So zieht sie es vor, mit ihrem jetzigen Jagdgefährten Benno durch die Wälder im Tegernseer Tal zu streifen. »Für mich ist es das schönste Tal der Welt! Der Wallberg ist einfach ein magischer Anziehungspunkt, genauso wie die Weißachau.« Ob sie wieder auf die Jagd gehen möchte? »Ich bin sehr zuversichtlich, wenn sich die Dinge weiter positiv entwickeln.« Dafür wird sie sich einsetzen – schließlich ist sie ein Querkopf.

Ida Schmidt mit Jagdhund »Benno vom Sonnwendjoch«, einer österreichischen Brandlbracke

Vorfrühling am Tegernsee bei Gmund

»Wolken, die über den Himmel ziehn, ohne Regen zu geben, sind die Gerechtigkeit des Gesetzes, das viel verheißt, aber nichts gibt als Schauspielerei.« Martin Luther (1483 – 1546)

Land der Berge: Werdenfelser Land

Majestätisch, erhaben, Ehrfurcht einflößend – die Berge rund um Garmisch-Partenkirchen und Mittenwald vermitteln dem Betrachter im Tal das Gefühl, man sei eine Ameise. Bezwingt man diese Gipfel, kämpft sich Schritt für Schritt in dieses abgeschlossene Universum aus dichten Wäldern und Felsen, dann wächst die Ameise zum Elefanten. Am Gipfelkreuz etwa des Grottenkopfs zu stehen, mit der Gewissheit und dem Stolz, es geschafft zu haben – dieses Gefühl ist einmalig. Jetzt schweift der Blick triumphierend auf das Meer aus Stein und Wolken. Unten im Tal, da sind die Ameisen.

Das Werdenfelser Land lebt von diesen Momenten. Die Landschaft ist hart und sanft zugleich, sie duldet keine Unachtsamkeit, offenbart einzigartige Naturschauspiele. Im imposanten Schattenspiel der Zweitausender wirkt die bunte Vielfalt der Pflanzenwelt filigran und zerbrechlich. Das eine kann ohne das andere nicht existieren. So zeigt der Gegensatz von Härte und Verletzbarkeit eindrucksvoll den Sinn jeden Seins. Dem Himmel ein Stückchen näher sein, die Elemente in ihrer Urform erleben – das mag die Faszination ausmachen, die von diesen Orten ausgeht.

Diese Extreme haben die Menschen geprägt. Sie haben sich über Generationen mit ihrer Umgebung arrangiert, gelernt ihre Vorzüge zu nutzen und mit den Problemen zurechtzukommen. Dabei wird nur zu oft deutlich, aus welchem Holz die Leute aus den Bergen geschnitzt sind. Beim Auftrieb Deutschlands »höchster Schafherde« ins Höllental im Frühjahr würde so manchem gestandenen Wanderer die Luft ausgehen – für Karl und Max Buchwieser ist es ein ausgedehnter Spaziergang. Und auch hier ist der alleinige Antrieb ein ungebrochener Wille, eine tief begründete Sehnsucht nach der Schönheit unberührter Natur – mit all ihren Facetten. Wild, ursprünglich, vom Menschen bewundert und geachtet.

Rechte Seite: der Eibsee mit der Zugspitze im Hintergrund | **Nächste Doppelseite:** Sasseninsel, Maximiliansinseln und Ludwigsinsel im Eibsee | **Übernächste Doppelseite:** Panorama-Aussicht auf das Wettersteingebirge

Blick von der Zugspitze auf die Gipfel des Wettersteingebirges

»In grandiosen Formen bauen die Wolken eine zweite, noch vielgestaltigere, vergängliche Bergeswelt über die festgefügte der Wirklichkeit.« *Josef Enzensperger (1873 – 1903)*

Die Krokuswiesen bei Gerold zwischen Garmisch-Partenkirchen und Mittenwald, im Hintergrund das Karwendel-Gebirge | Rechte Seite: Sommergewitter im Estergebirge

Der Hüttenwirt

Charly Wehrle

Charly Wehrle ist eine Institution. Der Hüttenwirt der Reintalangerhütte hat Bücher geschrieben, Ausstellungen gemacht, ist Fotograf und leidenschaftlicher Bergsteiger. »Ich klettere heute noch Schwierigkeitsgrad sechs«, erzählt der gebürtige Allgäuer. Seit mehr als 20 Jahren bewirtschaftet er die traditionsreiche Hütte am Ende des Reintals. »Mit meinem Team habe ich die Übernachtungszahlen seit 1986, als ich hier oben anfing, mehr als verdoppelt.« Ein Schlüssel zum Erfolg ist auch die Hingabe, mit der Charly Wehrle »an einem der schönsten Plätze in den Deutschen Alpen« tagtäglich als »Bindeglied zwischen den Generationen« agiert. So entstand mit der Zeit im Reintal ein Treffpunkt für Weltenbummler und kreative Geister. Es wird komponiert, musiziert, geschrieben, es finden Konzerte und Lesungen statt. Und wenn der Kletterer, Koch und Organisator aus seinen Büchern liest, wird klar, mit welcher Leidenschaft Charly Wehrle seine Talente lebt und umsetzt.

Aus dieser Überzeugung entstand 1998 auch die Idee, mit acht Mitarbeitern aus dem Wettersteingebirge nach Nepal aufzubrechen. Das Ziel: der Fuß des Mount Everest, wo Charlys Freund, Sherpa Gyalzen, lebt. Zu dessen 60. Geburtstag gaben sie ihm zu Ehren ein Konzert – das inzwischen berühmte »Musiktrekking« war geboren. Heute künden die tibetischen Gebetsfahnen von dieser Exkursion. Diese Atmosphäre zeichnet die Reintalangerhütte aus: weltoffen und kreativ. Ein weiterer Grundsatz klingt ebenso simpel wie schlüssig: »Wir geben den Menschen ein Zuhause.« Wir, das sind neben den »guten Geistern« auf der Hütte auch sein Juniorpartner Simon Neumann. Beide glauben fest an das buddhistische Credo »Demut, Disziplin, Dienstleistung«. So gibt es auf der Hütte keine Selbstbedienung, die Übernachtungsgäste werden mit Musik geweckt – man hat das wahre Gefühl, zu Gast bei einer großen Familie zu sein. »Aber die Hüttenarbeit verlangt schon viel Engagement«, erklärt Charly Wehrle, »die Betreuung der Gäste, der Transport der Lebensmittel auf die Hütte«, das ist ein harter Job. Umso glücklicher ist er, mit Simon Neumann einen Partner gefunden zu haben, der eines Tages die Reintalanger-Tradition im besten Sinne weiterführen wird.

Die Reintalangerhütte und ihr »guter Geist« Charly Wehrle: Bergsteiger, Buchautor, Musiker und Fotograf

Die Kappel-Kirche bei Unterammergau | Nächste Doppelseite: Blick von Kappel auf den Laber, Kofel und Oberammergau

»Wir können nicht leben, wenn wir die Sonne nicht suchen, und zum Leben so nötig wie die Luft und Brot ist noch ein Drittes für uns: das helle Sehen.« *Ludwig Ganghofer (1855 – 1920)*

Der Geroldsee, im Hintergrund Alpspitze und Zugspitze | Linke Seite: alte Zirbelkiefern im Schachenwald, Wettersteingebirge

Die Schafzüchter

Karl und Max Buchwieser

»Nächtes Jahr geh' i nimma nauf!« Das ist bei den Buchwieser-Brüdern Karl und Max schon ein geflügeltes Wort. Und doch machen sich die beiden Brüder jedes Jahr im Juni wieder auf den Weg, die zwei Dutzend Schafe auf ihre Sommerweide zu bringen. »Nauf« – das heißt hinauf auf 2 000 Meter Höhe, über steile Felssteige, Grate, durchs Höllental auf die Bergweiden unterhalb der Zugspitze. An einer besonders steilen Stelle müssen sie sogar selbst Hand anlegen. Zwischen ihren eigenen Beinen ziehen und schieben sie mit ihren Helfern die rund 70 Kilogramm schweren Tiere eins nach dem anderen nach oben. »Das ist schon anstrengend«, gibt Max zu, »aber wenn das Wetter mitspielt und alle Tiere heil oben ankommen, ist das jedes Mal ein Glücksmoment.« Die Schafe scheinen sich an ihr hochalpines Dasein gewöhnt zu haben. Warum die Buchwiesers diese Strapazen auf sich nehmen? »Ganz einfach: das Gras dort oben ist fett und nahrhaft. Die Tiere stehen gut da«, erklärt Karl. Das erfolgreiche Abschneiden bei Körungen und Prämierungen bestätigt das. »Der Max betreibt das intensiver als ich«, meint Karl und erzählt von den gekörten Böcken und all den Auszeichnungen, die sich sein Bruder in den letzten Jahrzehnten an die Stalltür hängen konnte.

Ihr Brot verdienen die Grainauer wie schon der Großvater und der Vater mit der Holzschnitzerei. Rente ist für die drahtigen, durchtrainierten Werdenfelser ein Fremdwort. »Sicherlich haben wir jetzt mehr Zeit, gehen auch mal auf Reisen.« Max ist Jahrgang 1939, Karl 1935. Seit den 1960er Jahren züchten sie Schafe. Schon damals wurden die Tiere im Sommer auf den fruchtbaren Wiesen im Zugspitzgebiet gehalten. »So alle zwei Wochen schauen wir oben vorbei, ob alles in Ordnung ist.« Ansonsten ist die Herde sich selbst überlassen. Trinkwasser finden sie in Form von Schneeresten, die den ganzen Sommer überdauern. Nach dem Abtrieb im September werden die Schafe geschoren. »Das machen wir in erster Linie zur Fellpflege, für die Wolle bekommt man heute eh nichts mehr.« Es geht den beiden auch nicht ums Geldverdienen, es ist eine echte Leidenschaft. So heißt es dann im September beim Abtrieb wieder: »Nächstes Jahr geh' i nimma nauf!«

Von Rente keine Spur: die Grainauer Brüder Karl und Max Buchwieser

Die Loisach im Gschwandwald bei Grainau | Nächste Doppelseite: die winterliche Partnachklamm | Übernächste Doppelseite: die Isar bei Wallgau mit Blick auf die Zugspitze

»Wenn man früher unfähig war, wurde man Fotograf; heute wird man Abgeordneter.«

Guy de Maupassant (1850 – 1893)

Impressum

Wir danken unseren Eltern, Frauen und Kindern für ihre große Geduld und Unterstützung, des Weiteren: Peter Wiesendanger, Jörg Wilhelm, Stefanie Schmid, Susanne Jezioro, Thomas Wild, Wolfgang Rudolph und Familie Posset-Reindl

Zur Technik: Florian Werner arbeitet mit folgenden Kameras: Horseman SW 6 x 12 mit Rodenstock-Grandagon-Objektiv und Contax 645 mit Zeiss-Objektiven, Gitzo-Carbon-Stativ, Filmmaterial: Fuji Velvia. Sämtliche Bilder wurden nicht digital verändert. Weitere Infos: www.florianwerner.de

Unser Gesamtverzeichnis finden Sie unter www.j-berg-verlag.de

Produktmanagement:	Simone Calcagnotto
Konzept und Fotografie:	Florian Werner, Uffing am Staffelsee
Konzept, Texte und Layout:	Robert Hauke, Unering / Seefeld
Repro:	Scanner Service, S.r.l.
Umschlaggestaltung:	Robert Hauke unter Verwendung von Fotos von Florian Werner
Herstellung:	Thomas Fischer
Druck:	Printed in Germany by Passavia Druckservice, Passau

Für Hinweise und Anregungen sind wir jederzeit dankbar. Bitte richten Sie diese an:
J. Berg Verlag in der C. J. Bucher Verlag GmbH
Postfach 80 02 40
D-81602 München
E-Mail: lektorat@bruckmann.de

Bildnachweis: Alle Bilder auf dem Umschlag sowie im Innenteil stammen von Florian Werner.
Umschlagvorderseite: Luftaufnahme mit Blick über die Osterseen zur Benediktenwand und zum Jochberg
Umschlagrückseite: Badesteg bei St. Heinrich, Starnberger See

Die Deutsche Bibliothek / CIP Einheitsaufnahme
Ein Titeldatensatz für diese Publikation ist bei der Deutschen Bibliothek erhältlich.

ISBN 3-7658-4170-6

Die Achmündung am Staffelsee bei Murnau